34
8

Avis au Peuple

SUR LES

MOYENS DE SE PRÉSERVER

DU

CHOLÉRA-MORBUS.

Lyon. — Imprimé chez Louis Perrin.

1831.

MOYENS

DE SE PRÉSERVER

DU

CHOLÉRA – MORBUS.

———◆———

Le choléra-morbus, maladie originaire de l'Inde, non moins terrible que la peste, et qui a déjà exercé tant de ravages, a été importée en Europe par les Russes, qui l'avaient contractée dans leur dernière expédition contre la Perse. Après avoir désolé la malheureuse Pologne, elle a envahi l'Autriche et la Prusse : déja elle est aux portes de Vienne, et Berlin n'a pu s'en garantir.

Ainsi, chaque jour ce fléau s'approche de nous, et bien qu'une assez grande étendue de pays, que des fleuves et des chaînes de montagnes nous séparent encore des villes où il répand la désolation, il n'est pas déraisonnable de craindre qu'il ne finisse par pénétrer jusqu'au cœur de la France.

Heureusement l'état de civilisation plus avancé des pays qu'il ravage en ce moment, et la douceur de la température de nos climats, paraissent exercer sur lui la plus heureuse influence. Plus il s'approche de nous, moins il fait de victimes. Dans les villes de l'Inde, où le peuple est plongé dans la misère et habitué à la malpropreté la plus dégoûtante, on a vu le choléra-morbus faire périr en moins d'un mois la moitié et même les deux tiers de la population. En Europe, ses ravages sont bien moins considérables. On peut en juger par le relevé suivant, publié, il y a quelques jours, par les journaux :

Pendant les quarante-deux premiers jours de la contagion , on a compté,

A Lemberg,	80 malades et 39		
A Riga ,	109	46	
A Mittau ,	65	34	morts sur 1000 hab.
A Moskou ,	15	7	
A Dantzick,	11	8	

Pendant les trente-deux premiers jours de la contagion, on a compté,

A Brody,	193 malades et 73		
A St-Pétersbourg,	22	11	morts sur 1000 hab.
A Elbing ,	12	8	

Pendant les seize premiers jours de la contagion, on a compté,

A Kœnigsberg,	6 malades et 3		
A Posen,	7	4	morts sur 1000 hab.

Tout porte donc à croire, que dans le

cas où le choléra-morbus viendrait à envahir la France, la mortalité qui en est le résultat diminuerait encore de beaucoup, puisque notre climat est bien plus tempéré que celui de la Russie, et que, sous le rapport de la civilisation, il n'y a aucune comparaison à établir entre les villes françaises et les villes russes.

Le Gouvernement d'ailleurs s'occupe, avec la plus grande sollicitude, de l'invasion possible du choléra-morbus en France, et prend toutes les mesures propres, soit à prévenir son introduction, soit à borner ses ravages, dans le cas où il ne pourrait parvenir à repousser ce terrible fléau de notre pays.

Mais il est des moyens de prévenir les effets de la contagion et de lui résister, qui ne dépendent point de l'Administration, mais du Peuple lui-même, et de chaque

individu en particulier. C'est dans le but
d'éclairer nos Concitoyens sur la nature de
ces moyens qu'il leur importe tant de con-
naître, que nous avons publié cet avis.
Nous les invitons à le lire avec la plus sé-
rieuse attention : en se conformant exac-
tement aux conseils qui y sont contenus,
ils peuvent être assurés qu'ils auront de
fortes raisons pour ne pas redouter l'invasion du choléra-morbus.

Tous les médecins qui ont observé cette
maladie dans les différents pays où elle
s'est manifestée, s'accordent à dire qu'elle
exerce principalement ses ravages dans les
quartiers populeux, dans les habitations
sales et mal-tenues, et chez les ouvriers qui
négligent tous les soins de propreté, en
général si essentiels à l'entretien de la
santé. L'observation a encore appris que
les individus qui se livrent à des excès

quelconques, et principalement à l'usage
immodéré du vin et des liqueurs spiritueu-
ses, de même que ceux qui négligent de
se prémunir contre le froid et l'humidité,
sont ceux que le choléra frappe de préfé-
rence.

C'est en évitant toutes ces causes qui fa-
vorisent très évidemment la contagion,
qu'on peut espérer de résister à ce terrible
fléau, dans le cas où il viendrait à envahir
le sol français. Mais il ne faut pas attendre
qu'il soit à nos portes, pour commencer à
mettre en usage les moyens capables de
nous en préserver. Il ne serait plus temps
alors de songer à ces utiles précautions.
Chacun doit donc se hâter d'y avoir recours.

La plus importante de ces précautions
consiste à adopter des habitudes de propreté, si négligées parmi le peuple des villes,
et qu'il est si peu difficile de conserver une

fois qu'on les a contractées. Voici ce que nous croyons devoir principalement recommander à cet égard :

Les habitants des rez-de-chaussée devront balayer et laver soigneusement, chaque matin, toute la partie de la rue placée au devant de leur boutique ; ils devront balayer et laver également les cours et arrière-cours, ainsi que les allées, dont les rigoles devront être parfaitement nettoyées chaque jour.

Une fois au moins par semaine, il sera nécessaire de laver à grande eau la devanture, ainsi que les dalles ou carreaux des boutiques. On devra éviter avec le plus grand soin d'y laisser séjourner des immondices. Cet avis s'adresse principalement aux bouchers, charcutiers, tripiers, gargotiers, fruitiers, marchands d'herbes, épiciers, corroyeurs.

Dans le cas où les allées et les cours répandraient habituellement une odeur infecte, due à ce que les murs sont imprégnés d'urine ou d'autres liquides en putréfaction, les locataires des rez-de-chaussée devront s'adresser à leur propriétaire, pour qu'il les fasse enduire d'une nouvelle couche de mortier. En cas de refus, ils pourront s'adresser à l'autorité, qui ne manquera pas d'exiger qu'on fasse droit à leur demande.

Tous les locataires d'une maison devront s'entendre pour que l'escalier soit balayé au moins trois fois par semaine. Avant de balayer, il faudra avoir soin d'enlever la boue qui se serait accumulée sur les marches.

On ne devra pas laisser séjourner d'immondices sur les palliers; chaque matin il conviendra de les déposer dans la rue, avant l'heure où doit passer le tombereau. Chacun est intéressé à surveiller ses voisins, et doit exiger qu'ils se conforment aux mesures indiquées, qui sont utiles pour tous.

Chaque chef de famille devra apporter beaucoup de soin à faire entretenir son habitation dans un état de grande propreté. Il exigera qu'on porte à la rue, sans les laisser séjourner dans l'appartement, tous les débris de cuisine et autres immondices quelconques. Il fera aussi balayer son habitation au moins une fois par jour, et laver les carreaux chaque semaine.

Tous les meubles, métiers et ustensiles devront être tenus très proprement. On lavera fréquemment avec de l'eau de savon ou de l'eau de lessive (*lissieu*) tous les objets qui sont susceptibles de l'être. Les parents devront empêcher les enfants de faire leurs ordures ailleurs que dans les lieux d'aisance.

On aura soin de renouveler fréquemment l'air des habitations. Ainsi plusieurs
fois par jour on ouvrira toutes les issues, afin
qu'un courant puisse s'établir et entraîner
l'air vicié que produisent toujours un grand
nombre d'individus renfermés dans un petit
local, circonstance qui existe presque gé-
néralement dans les ateliers de Lyon.

Les latrines devront être tenues très proprement : il sera indispensable d'en faire
laver chaque jour le siége et les carreaux.
Les chefs de famille devront exiger que
les lunettes soient constamment bouchées
avec soin. Si les murs des cabinets d'aisance sont imprégnés d'une odeur infecte,
il sera indispensable de renouveler l'en-
duit du mortier dont ils sont revêtus.

La propreté du corps et des vêtements
n'est pas moins indispensable que celle
des habitations. Nous ne saurions donc trop

recommander aux chefs d'atelier et aux
pères de famille de forcer leurs ouvriers
et leurs enfants à avoir constamment le
visage, les mains et les pieds parfaitement
propres. Il serait aussi extrêmement utile
que chaque individu prît un grand bain
tiède au moins une fois par mois, et, dans
la belle saison, un bain de rivière, une ou
deux fois par semaine. Le linge devra être
renouvelé au moins une fois par semaine,
et même deux fois s'il est possible. Quant
aux vêtements, tous ceux qui en sont susceptibles, devront être lavés fréquemment.

Nous avons déjà dit qu'un des princi-
paux moyens de se préserver du choléra-
morbus consistait à se garantir soigneusement de l'action du froid et de l'humidité.
On devra donc se pourvoir de vêtements
chauds avant la venue de la mauvaise saison ; les personnes âgées, les individus fai-

bles et délicats, ainsi que ceux sujets aux
affections catarrhales et gastriques, devront, de plus, porter un gilet et un cale-
çon de flanelle. Les pieds devront être tenus constamment secs ; il vaudra mieux
porter des sabots, munis de bons chaussons,
que des souliers qui se laisseraient pénétrer
par l'humidité.

Mais de toutes les précautions que l'ex-
périence a prouvé être propres à se préserver du choléra-morbus, la plus importante consiste à se tenir constamment
éloigné de tous les excès. Dans toutes les
villes où le choléra a exercé ses ravages,
on a vu les hommes adonnés au vin et ha-
bitués aux excès de la table et aux orgies
nocturnes, en être promptement atteints,
et périr presque tous. Des exemples aussi
frappants et aussi terribles ne doivent pas
être perdus pour nos Concitoyens. Que les

ouvriers, s'ils veulent échapper au fléau qui nous menace, cessent donc de dissiper, par les excès du dimanche, les économies qu'ils ont péniblement amassées durant la semaine. Ils doivent les employer, ces économies, à améliorer leur nourriture journalière, ainsi que celle de leur famille; car une nourriture saine et fortifiante est encore un excellent préservatif contre le choléra-morbus.

Nous ne terminerons pas cet avis sans avertir nos Concitoyens de se tenir en garde contre les annonces du charlatanisme. Elles sont déjà nombreuses, et le deviendront bien plus encore à mesure que le choléra-morbus s'approchera de nous. Qu'ils se méfient donc de tous les prétendus spécifiques que la cupidité cherchera à mettre en vogue. On doit être convaincu que le gouvernement veille à notre sûreté,

et qu'il ne manquera pas de faire connaî-
tre, par une grande publicité, tous les
moyens qui seront reconnus utiles dans le
traitement de l'épidémie qui nous menace.

Que chacun se conforme donc aux utiles
conseils que nous avons donnés, et l'on
pourra attendre sans crainte l'invasion
du choléra-morbus. La certitude qu'on aura
d'avoir pris toutes les mesures capables de
lui résister, ajoutera encore à la sûreté
due à ces précautions, en préservant de la
peur, qu'on sait avoir toujours singuliè-
rement favorisé la contagion.

www.ingramcontent.com/pod-product-compliance
Lightning Source LLC
Chambersburg PA
CBHW060722280326
41933CB00013B/2527